WAS IST GRÜN UND STEHT VOR DER TÜR?

EIN KLOPFSALAT!

Miese Witze Vol. 1

WAS IST GRÜN UND STEHT VOR DER TÜR?

EIN KLOPFSALAT!

Miese Witze Vol. 1

Gesammelt, getestet und für gut befunden
von Norbert Golluch

eichborn

MIX
Papier aus verantwortungsvollen Quellen
FSC® C083411
FSC www.fsc.org

Dieser Titel ist auch als E-Book erschienen

Eichborn Verlag in der Bastei Lübbe AG

Originalausgabe

Textredaktion: Stefan Lutterbüse
Umschlaggestaltung: Sandra Taufer, München
Einband-/Umschlagmotiv: © shutterstock/Zaneta Baranowska; shutterstock/artenot; shutterstock/Baloncici
Satz: F. v. Wissel, hoop-de-la, Köln
Gesetzt aus der Chinese Rocks, Franklin Gothic
Druck und Einband: CPI books GmbH, Leck-Germany

Printed in Germany
ISBN 978-3-8479-0520-2

5 4

Sie finden uns im Internet unter www.eichborn.de
Bitte beachten Sie auch www.luebbe.de

MIESE WITZE

Der Flachwitz lebt. Nie waren Witze mieser als diese. Doch mal ehrlich: Sind das nicht genau die Witze unserer Zeit? Die Witze, die wir verdient haben? Kurz wie unsere Motivationsspanne, dämlich wie Didi und Dada, sinnfrei wie moderne Lyrik, frisch von der Straße weg wie Sperrmüll und Hiphop, penetrant und nervend wie Graffiti an Beethovens Geburtshaus, geschmacklos wie Tomaten im Januar. Und dabei immer haarscharf vorbei am guten Geschmack und in Gefahr, in die Hochkomik abzukippen ...

Und nun zu unserem Gewinnspiel: Erzählen Sie den folgenden Witz zu Ende, senden Sie Ihre Version an den Verlag, und mit etwas Glück gewinnen Sie zwei Euro fünfzig oder einen Eintrag in Band 2 dieser bedeutenden Witzereihe.

1 – 2 – 3 – LOS:

Kommt ein Kartoffelsalat zum Arzt ...

WARM UP

Was ist ein Keks unter einem Baum?
Ein schattiges Plätzchen.

Was nennt man einen Lüneburger, der aus der Kirche ausgetreten ist?
Lüneburger Heide.

Was wird im Frühjahr aus dem Winterspeck?
Frühlingsröllchen.

Wie nennt man einen intelligenten Toilettenbesucher?
Klugscheißer.

Was ist ein Cowboy ohne Pferd?
Ein Sattelschlepper.

Wie nennt man einen weiblichen Kaktus?
Kaktussi.

JE GRÜNER, DESTO FROSCH ...

Was ist grün und steht vor der Tür?
Ein Klopfsalat.

Was ist dunkelgrün und liegt in der Kloschüssel?
Ein Kacktus.

Was ist grün und guckt durchs Schlüsselloch?
Ein Spionat.

Was ist grün und fliegt über die Wiese?
Die Birne Maja.

Was ist grün und irrt durch Istanbul?
Ein Gürke.

Was ist grün, macht Muh! und sitzt im Gras?
Ein Frosch mit Sprachfehler.

Was ist grün, eckig und tut weh, wenn man es ins Gesicht kriegt?
Ein Billardtisch.

Was ist grün, glücklich und hüpft über die Wiese?
Eine Freuschrecke.

Was ist grün, sauer und versteckt sich vor der Polizei?
Ein Essig-Schurke.

DER HUNGER KOMMT BEIM ZUHÖREN

Was findet man bei einem Kannibalen in der Dusche?
Head and Shoulders.

Wie nennen Kannibalen einen Rollstuhlfahrer?
Essen auf Rädern.

Wie heißen Mediziner unter Kannibalen?
Hot Docs.

Essen zwei Kannibalen einen Clown. Sagt der eine:
„Der schmeckt irgendwie komisch ...“

Was ist ein Kannibale, der seinen Vater gegessen hat?
Halbwaise.

Wie nennt man einen Kannibalen, der sein ganzes Dorf gegessen hat?
Dorfältester.

Was essen Katholiken am Karfreitag?
Richtig: Fisch.
Und Kannibalen?
Fischer.

Warum essen Kannibalen gerne schwangere Frauen?
Wegen der Kinderüberraschung und der Extra-Portion Milch.

Essen zwei Kannibalen eine Domina. Sagt der eine:
„Die schmeckt aber streng ..."

IRGENDWIE LOGISCH …

Ich habe gerade Spider-Man angerufen, aber der hatte kein Netz.

Ich habe beim Wurstbrötchen angerufen, aber es war belegt.

Ich habe beim DJ angerufen, aber der hat aufgelegt.

Kellner zum Gast: *„Haben Sie Barsch bestellt?"*
Gast: *„Nein, höflich."*

Reitet ein Cowboy zum Friseur.
Kommt er wieder raus.
Ist sein Pony weg.

Warum können Bienen so gut rechnen?
Weil sie sich den ganzen Tag mit Summen beschäftigen.

Warum sieht man keine Ameisen in Kirchen?
Weil sie in Sekten sind.

Warum steht ein Pils im Wald?
Weil die Tannen zapfen.

Was hängt im Urwald an den Bäumen?
Urlaub.

GUT GEGEBEN

„Hast du ein Bad genommen?“
„Warum, fehlt eins?“

„Ist das meins?“
„Nein, Wiesbaden.“

„Ist das scharf?“
„Nein, Rind.“

LEICHT OBSZÖN …

Was ist grün und steht am Straßenrand?
Eine Froschtituierte.

Was ist gelb, abgestempelt und steht am Straßenrand?
Eine Postituierte.

Was ist rot, trägt Netzstrümpfe und hängt am Rosenstrauch?
Eine Hagenutte.

ANGESAGT: LORTE VEICHT WERDREHT

Was essen Supermodels, wenn's mal schnell gehen muss?
Ein Laufsteak.

Was hat nur eine weiche Klinge?
Der Rasiergummi.

Was hat zweieinhalb kleine Finger?
Ein halbes Händchen.

Was schmeckt nach Orange und ist blitzschnell?
Ein Fluchtgummi.

Was will der mit der Pistole und der roten Nase?
Klaun.

Wer hat eine geklaute Kristallkugel?
Die Zigaunerin.

Wer ist weniger schmutzig und hat einen Zylinder?
Der Sauberer.

Wer will immer mehr Bananen?
Der Gieraffe.

Was schwimmt unter Wasser und kann addieren?
Ein Oktoplus.

JE BRAUNER, DESTO BROT

Was ist braun und klebt an der Wand?
Ein Klebkuchen.

Was ist braun und klebt in Nürnberg an der Wand?
Ein Nürnberger Klebkuchen.

Was ist braun und fährt einen verschneiten Hang hinunter?
Ein Snowbrot.

Was ist braun, süß und rennt durch den Wald?
Eine Joggolade.

Was ist hellbraun und hangelt sich von Tortenstück zu Tortenstück?
Ein Tarzipan.

Was ist braun, hat einen Beutel und hängt am Baum?
Ein Hänguruh.

Was ist braun und schwimmt im Wasser?
Ein U-Brot.

Was ist braun und sitzt hinter Gittern?
Eine Knastanie.

Was ist braun, hängt am Baum und trägt Strapse?
Ein Haselnüttchen.

Was ist braun, klebrig und läuft durch die Wüste?
Ein Karamel.

Was ist braun, knusprig und läuft mit dem Korb durch den Wald?
Brotkäppchen.

Was ist braun, sehr zäh und fliegt umher?
Eine Ledermaus.

GEMÜSE AUF ABWEGEN [I]

Was ist grün und ständig blau?
Die Partyschocke.

Was ist grün und feiert Sabbat?
Der Kohlrabbi.

Was ist lila und bedient im Restaurant?
Die Obergine.

Was ist braun und ständig pleite?
Die Zockerrübe.

WAS FÜR FRÜCHTCHEN ...

Was ist gelb und führt sich auf wie der Elefant im Porzellanladen?
Die Trampelmuse.

Was ist blau und hat nur Einsen auf dem Zeugnis?
Die Schlaubeere.

Was ist orange und steckt im Schraubstock?
Die Klemmentine.

Was ist gelb und schaut durchs Schlüsselloch?
Die Spannernas.

BUNT, ABER SCHÖN

Was ist bunt und läuft über den Tisch davon?
Ein Fluchtsalat.

Was ist blöd, süß und bunt?
Ein Dummibärchen.

Was ist klein, bunt und springt aus dem Kühlschrank, wenn man ihn öffnet?
Ein Fluchtzwerg.

EIN PAAR NACHZÜGLER

Was ist grün und rennt durch den Wald?
Ein Rudel Gurken.

Was ist durchsichtig und rennt hinterher?
Das Gurkenglas.

Was ist rund und schreit im Wald?
Der Kugelschreibär.

Was ist das Gegenteil von Frühlingserwachen?
Spätrechtseinschlafen.

Was ist das Gegenteil von Reformhaus?
Rehintermhaus.

Was ist das Gegenteil von Fallrückzieher?
Stehvordrücker.

Was ist das Gegenteil von Fernsehmüdigkeit?
Radioaktivität.

Was ist das Gegenteil von Fantasie?
Coladu.

Was ist das Gegenteil von Magnet?
Magscho.

Was ist das Gegenteil von Western?
Ostern.

HUMOR FÜR MATHEMATIKER

Treffen sich zwei Geraden. Sagt die eine:
„Nächstes Mal gibst du einen aus!"

Zwei Parallelen treffen sich in der Unendlichkeit, sagt die eine zur anderen:
„Bist du schon da?"

JE DOOFER, DESTO LACH!

Je gelber das Telefon, desto hallo!

Je höher der Kirchturm, desto bimm.

Je nuller die Uhr, desto mitter die Nacht!

Je umso, desto mehr ...

GEMÜSE AUF ABWEGEN [II]

Was ist grün und macht bummbumm?
Die Salutgurke.

Was ist grün und gewinnt jedes Rennen?
Der Schnellerie.

Was ist pink und wischt alles weg?
Das Radierchen.

Was ist rot und kann nicht geradeaus gucken?
Die Schielischote.

Was ist schwarz und kann nicht den Mund halten?
Die Schwatzwurzel.

Was ist grün und trägt immer die neuste Mode?
Der Chickaree.

DIE KENNT NOCH DEIN OPA!

Was ist zuerst grün und dann rot?
Ein Frosch im Mixer.

Was ist klein und klopft an die Scheibe?
Ein Hamster in der Mikrowelle.

Mami, ich will aber nicht nach Amerika!
Sei ruhig und schwimm weiter.

WAS IST DER UNTERSCHIED ...

... zwischen einer Nonne und einer Super-Nonne?
Bei der Super-Nonne war schon die Mutter Nonne.

... zwischen Fliegen und Bumsen?
Fliegen können zwar bumsen, aber Bumsen nicht fliegen.

... zwischen einem roten und einem blauen Fahrrad?
Die gelbe Klingel.

MILLIARDENQUIZ. DIE ERSTE!

Was ist dick und steht am Kopierer?
Ein Praktifant.

Wie nennt man einen dicken Vegetarier?
Biotonne.

Wie heißt Babywindel auf Türkisch?
Gülle-Hülle.

Was ist dunkelblau und sucht ständig nach etwas?
Die Wohannichsbeere.

Was ist blau und liegt am Strand?
Eine tote Welle.

Was ist nicht blau und steht am Straßenrand?
Ein grünes Fahrrad.

WAS OMA SO SAGT …
[MORGENS]

Alte Roste lieben nicht.

Auch ein blindes Huhn legt mal ein Ei.

Da kräht heute kein Arsch mehr danach.

Das Essen kommt beim Appetit.

Der frühe Vogel kann mich mal.

Die Axt im Zimmermann erspart das Haus.

Lieber die Taube auf dem Spatz als das Dach auf der Hand.

Reden ist Schweigen, Silber ist Gold.

GELB!

Was ist gelb und kann nicht schwimmen?

Ein Baukran.

Was ist gelb und hüpft über die Wiese?
Ein Postfrosch.

Was ist gelb und kommt nicht auf den Baum?
Ein Postauto.

Was ist gelb und rutscht den Hang hinunter?
Ein Cremeschlittchen.

Was ist gelb und sitzt bei jedem Fußballspiel vor dem Fernseher?
Eine Fananas.

Was ist gelb, ölig und sitzt in der Kirche in der ersten Reihe?
Eine Frommfrites.

WAS OMA SONST NOCH SO SAGT ... [WENN DER TAG LANG IST]

Strafe schützt vor Dummheit nicht.

Torheit schützt vor Alter nicht.

Das ist aber nicht so ganz das Wahre vom Ei.

Das ist der Funke, der das Fass zum Überlaufen bringt.

Den Kopf auf den Nagel treffen.

Der Brunnen bricht so lange, bis er zum Krug geht.

UND WEIL'S SO SCHÖN WAR:

Wir ziehen alle am selben Boot.

SCHALKE 0:5

Was machen 16 Schalker Fans vorm Kino?
Sie warten noch auf zwei Kollegen, denn der Film ist erst ab 18.

Warum können Schalker keine Pommes essen?
Weil sie nicht wissen, wie man eine Schale hält.

Was macht der Schalker, wenn er Meister wird?
Die Playstation aus.

GELB. DIE ZWEITE!

Was ist gelb und flattert im Wind?
Eine Fahnane.

Was ist gelb und telefoniert mit dem ADAC?
Eine Pannanas.

Was ist gelb, krumm und schwimmt auf dem Wasser?
Eine Schwanane.

TIERISCH

Was macht man mit einem Hund ohne Beine?
Um die Häuser ziehen.

Was macht ein schwuler Wurm im Salat?
Er schmeißt alle Schnecken raus.

Warum trinken Mäuse keinen Alkohol?
Angst vor dem Kater.

SCHALKE 0:6

Sitzt ein Schalke-Fan am Sonntagmorgen im Garten. Da fliegt eine Biene vorbei und setzt sich dem Schalke-Fan auf den Arm. Sagt der Schalke-Fan zu der Biene: *„Also, wenn du hier bleiben willst, dann musst du erst das Trikot ausziehen!“*

Was ist der Unterschied zwischen Schalke und einer Banane?
Die Banane hat eine Schale.

Was ist der Unterschied zwischen einem Handwerker und Schalke?
Der Handwerker kann Meister werden.

KOMMT EIN ...

... Mann in ein Schuhgeschäft und verlangt farblose Schuhcreme. Fragt die Verkäuferin: *„Für schwarze oder braune Schuhe?“*

... Schwein um die Ecke und tritt auf einen Keks ...

... Zyklop zum Augearzt ...

... Mann zum Bäcker und verlangt 99 Brötchen.
Sagt der Bäcker: *„Nehmen Sie doch 100!“*
Darauf der Mann: *„Und wer soll die alle essen?“*

... Pferd in einen Blumenladen:
„Haben Sie Mageritten?“

... Keks um die Ecke, fällt hin und bricht sich einen Krümel

... Pferd in den Blumenladen und kauft ein Gänseblümchen. *Kommt eine Gans in den Blumenladen und kauft ein Pferdeblümchen.*

...e Tür zu spät und sagt: *„Sorry, ich wurde aufgehalten!“*

MILLIARDENQUIZ. DIE ZWEITE

Welches sind die teuersten Tomaten?
Die Geldautomaten.

Welche Handwerker essen am meisten?
Maurer. Die verputzen ganze Häuser.

Welche Sprache wird in der Sauna gesprochen?
Schwitzerdeutsch.

Wie heißt die Frau von Herkules?
Fraukules.

Wie heißt ein Spanier ohne Auto?
Carlos.

Wie nennt man einen Boomerang, der nicht zurückkommt?
Stock.

Was schmeckt in der Bibliothek am besten?
Buchstubensuppe.

Was ist erfrischend, aber tödlich?
Heißer Pfefferminzteer.

ELEFANTÖS

Was ist grau, groß und telefoniert nach Afrika?
Ein Telefant.

Wie viele Elefanten passen in ein U-Boot?
Zwölf, wenn die Klingel links ist.

Woran erkennt man, dass Elefanten im Kühlschrank waren?
Fußspuren in der Butter.

Wie kriegt man einen Elefanten in den Kühlschrank?
Tür auf, Elefant rein, Tür zu.

Wie kriegt man zwei Elefanten in den Kühlschrank?
Tür auf, Butter raus, Elefanten rein, Tür zu.

Warum haben Elefanten rote Augen?
Damit sie sich im Kirschbaum verstecken können.

Warum lackiert sich der Elefant die Fußnägel rot?
Damit er sich noch besser im Kirschbaum verstecken kann!

Hast du schon mal einen Elefanten im Kirschbaum gesehen?
Da sieht man mal, wie gut die sich verstecken können!

Was haben Oliven und Elefanten gemeinsam?
Beide sind grün, nur der Elefant nicht.

WEG DA!

Geht ein Mann um die Ecke – ist der Bus weg.

Fährt ein Bus um die Ecke – ist der Mann weg.

Steigt der Mann in den Bus –
ist die Ecke weg.

WARUM, WARUM ...

Warum sind die Flüsse voller Wasser?
Damit es nicht so staubt, wenn die Schiffe bremsen.

Warum sind Fische glitschig?
Damit es nicht quietscht, wenn sie um die Ecke schwimmen.

Warum kann ein Baum nicht laufen?
Weil er keine Beine hat.

Warum heißt der Löwe Löwe?
Weil er durch die Wüste löwt.

Und warum heißt der Tiger Tiger?
Er löwt noch viel gewaltiger.

Warum haben Enten Plattfüße?
Um das Feuer auszutreten.

Warum haben Elefanten Plattfüße?
Um die brennenden Enten auszutreten.

MUTTERWITZ, ZUM ERSTEN

Mami, Mami, ich hab heute wieder mit Opa gespielt!
Aber Kind, du sollst doch nicht immer so tief im Sandkasten buddeln!

Mami, Mami, was ist ein Ödipus-Komplex?
Halt die Klappe und küss mich!

Mami, Mami, alle sagen, ich hätte zu große Füße!
Halt die Klappe, stell deine Schuhe in die Garage und komm zum Essen!

Mami, Mami, ich will nicht immer im Kreis laufen!
Halt die Klappe, sonst nagle ich den anderen Fuß auch noch an!

Mami, Mami, ich will nicht mehr Zähne putzen!
Halt die Klappe und gib Opa die Klobürste zurück.

Mami, Mami, warum schieben wir das Auto die Klippen runter?
Halt die Klappe, sonst wird Vati wach.

WAS HEISST ...

... der Schinken ist alle auf Englisch?

Nothingham.

... Architekt auf Türkisch?
Machema Hallebad.

... die neue Chefin auf Portugiesisch?
Bossa nova.

... DJ auf Arabisch?
Machma Lala.

... Fotograf auf Arabisch?
Allemalachen.

... Geigenkasten auf Spanisch?
Fidel Castro.

AUS DER KÜCHE

Was ist gesund und kräftig und spielt die beleidigte Leberwurst?
Ein Schmollkornbrot.

Was bekommt man, wenn man zu viel Brunch isst?
Eine Brunchitis.

Was ist haarig und kommt in die Pfanne?
Eine Bartkartoffel.

EINFACH GUT ...

Stehen zwei Zahnstocher an der Ampel, kommt ein Igel vorbei.
Sagt der eine Zahnstocher zum anderen:
„Hey, es fahren ja noch Busse ...“

Sagt ein Buckliger zum Bäcker: *„Ich hätte gern ein Brot!“*
Sagt darauf der Bäcker: *„Schluck doch erst mal das andere runter.“*

Zwei Schnecken auf einem Hochhaus. Schmeißt die eine die andere runter.
Nach zwei Jahren ist die Schnecke wieder oben und fragt:
„Was war denn das gerade für'n Scheiß?“

WAS HEISST ...

... große Gurke auf Russisch?
Maxim Gorki.

... Kuhstall auf Ägyptisch?
Mubarak.

... Prostituierte auf Italienisch?
Nutella.

... Schnellkochtopf auf Italienisch?
Garibaldi.

... Sonnenuntergang auf Finnisch?
Helsinki.

... Toningenieur auf Arabisch?
Machmahall.

... Glatze auf Arabisch?
Dawama hada.

... Ladenschluss auf Chinesisch?
Watschonzu.

... Türsteher auf Schwedisch?
Lasse Rinström.

... die Rachegöttin auf Lateinisch?

Rachitis.

SCHMUTZIGE WITZE

Treffen sich zwei Unterhosen, sagt die eine zur anderen:
„Warst du im Urlaub? Du bist so braun."

Sagt die eine Arschbacke zur anderen:
Im Flur stinkt es!

Fragt die eine Fliege:
„Was gibt's heute zu essen?"
Sagt die andere:
„Scheiße mit Reis!"
„Ihhhh, Reis!"

WAS HEISST AUF SCHWEDISCH ...

... Alimente?
Söhne Löhne.

... Bettnässen?
Kisse Pisse.

... Staatsanwältin?
Verhöre Göre.

SAGTE DER …

„Herr Doktor, ich habe Platzangst!“,
sagte der Luftballon zum Psychiater.

„Ich bin es leid, ständig hier herumzuhängen“,
sagte die Glühbirne und brannte durch.

„Jetzt geht's rund!“, **sagte der Frosch und sprang in den Mixer.**

„Mann, ist hier viel los!“, **sagte das Sandkorn am Strand.**

„Schön, dich mal wieder zu treffen!“, **sagte der Hammer zum Daumen.**

„Wachs mal, Stift!“, **sagte der große Wachsmalstift zum kleinen Wachsmalstift.**

„Wir treffen uns an der Ecke!“, **sagte die eine Wand zur anderen.**

ORANGE!

Was ist orange und trägt einen Rucksack?
Eine Wanderine.

Was ist orange, sauer und kann keine Minute stillsitzen?
Eine Zappelsine.

Was ist orange, tiefergelegt und hat einen Spoiler?
Ein Mantarinchen.

Was ist orange-rot und riskiert alles?
Eine Mutorange.

NOCH 'NE FARBE!

Was ist rot und fliegt durch die Luft?
Die Binde Maja.

Was ist rot und kämpft sich durch den Salat?
Das Rambodieschen.

Was ist rot und liegt auf dem Acker?
Eine alte Bauernregel.

SCHEITERN MACHT SPASS

Wie nennt man ein Gemälde der aktuellen Bayern-Mannschaft?

Ohne Titel.

Was sagt man von einem Spanner, der gestorben ist?
Der ist weg vom Fenster.

Was fliegt durch die Luft und macht Mus Mus?
Eine Biene im Rückwärtsgang.

Was ist rot und sitzt auf dem WC?
Eine Klomate.

Was ist rund, rot und hat zwei blaue Streifen?
Eine Tomate mit Hosenträgern.

Was ist rot, sitzt in einer Konservendose und spielt Musik?
Ein Radioli.

LETZTE WORTE ...

... des Chefs: *„Originelles Geschenk, ein Feuerzeug in Revolverform!“*

... eines Atomphysikers: *„Kritische Masse? Nie gehört ...“*

... eines Baggerfahrers: *„Was ist das da unten denn für ein Metallzylinder?“*

... eines Ballonfahrers: *„So nahe waren wir noch nie am Eiffelturm ...“*

... eines Bärenjägers: *„Na Kleines, wo ist denn deine Mami?“*

... eines Bettnässers: *„Mach mal die Heizdecke an ...“*

... eines Bombenentschärfers: *„Ich knips jetzt mal das rote Kabel durch ...“*

... eines Briefträgers: *„Du bist ja ein süßer Hund ...“*

WAS MACHT ...

... Muh! und hilft beim Anziehen?
Ein Kuhlöffel.

... ein Clown im Büro?
Natürlich Faxen.

... ein Pirat am Computer?
Er drückt die Enter-Taste.

ZWEI PFUND TOMATEN

„Herr Ober, meine Serviette ist schmutzig!"
„Tut mir leid, dann ist sie falsch zusammengelegt!"

„Zwei Pfund Tomaten bitte!"
„Es heißt jetzt Kilo!"
„Ach was! Nicht mehr Tomaten?"

Geht eine schwangere Frau in eine Bäckerei und sagt:
„Ich kriege ein Brot!"
Der Bäcker schaut die Frau an, schüttelt den Kopf und meint:
„Sachen gibt's!"

MILLIARDENQUIZ. DIE DRITTE

Was ist unordentlich und leuchtet?
Eine Schlampe.

Was leuchtet und geht fremd?
Ein Schlampion.

Was ist viereckig, hat Noppen und einen Sprachfehler?
Ein Legosteniker.

Was ist weiß und springt im Wald umher?
Ein Jumpignon.

Was ist weiß und stört beim Essen?
Eine Lawine.

Was ist weiß und rutscht den Berg hinauf?
Eine Lawine mit Heimweh.

Was ist weiß und tanzt ums Feuer?
Rumpelpilzchen.

Was ist weiß, schmeckt gut zu Pommes und kann fliegen?
Die Biene Mayo.

Was ist weiß, steht in der Küche und ist innen unordentlich?
Der Wühlschrank.

UNHEIMLICH

Die Polizei hat einen Penis verhaftet.
Er hat gestanden.

Fallen zwei Leichen von der Scheune.
Eine ist tot.

Sagt der Stumme zum Tauben:
„Ich glaube, der Blinde beobachtet uns."

MÄNNER!

Wie zeigt ein Mann, dass er Zukunftspläne macht?
Er kauft zwei Kisten Bier.

Was hat man, wenn man drei Männer bis zum Hals in Sand eingegraben hat?
Zu wenig Sand.

Woran stirbt der intelligente Gedanke eines Mannes?
An Einsamkeit!

ABENTEUER MIT GEMÜSE

Fliegen zwei Möhren durch die Luft.
Ruft die eine:
„Pass auf, da kommt ein Hubschschrapp-schrapp ..."

Rollen zwei Erbsen durchs Haus.
Ruft die eine:
„Pass auf, da kommt 'ne Trepp ... pepp-pepp ...pepp-pepp ... pepp-pepp ..."

MYSTERIÖS

Treffen sich zwei Rosinen im Schnee. Eine trägt einen Helm.
„Hey, wozu hast du den Helm auf?“, fragt die eine.
„Ich muss gleich in'n Stollen!“

Sitzen zwei U-Boote im Kino. Da kommt ein Panzer herein.
Sagt das eine U-Boot zum anderen:
„So ein Quatsch! Ein Panzer im Kino!“

**Sitzen zwei Kühe auf einem Baum und stricken Milch.
Da fliegt ein U-Boot vorbei.
Sagt die eine Kuh:**
„Sachen gibt's!"

**Sitzen zwei Vögel auf einem Ast.
Da fliegt eine Kuh vorbei.
Sagt der eine Vogel zum anderen:**
„Fliegen müsste man können!"

Sitzen zwei Schnecken auf einem Hochhaus.
Eine springt runter, die andere heißt Egon.

Sitzen zwei Hochhäuser im Keller und stricken Bananen. Da kommt ein grünes Pferd aus der Steckdose und sagt:
„Morgen ist Silvester, aber ich geh eh nicht hin!“

Ein Vulkanausbruch und eine Flutwelle sitzen auf dem Schrank und spielen Mau-Mau. Kommt ein Erdbeben vorbei und fragt:
„Kann ich mitspielen?“
„Hast du schon einmal Erdbeben Mau-Mau spielen sehen?“

Sitzen zwei Muffins im Backofen. Sagt der eine:
„Ganz schön heiß hier!“
Sagt der andere:
„Wow, ein sprechender Muffin!“

Sitzen zwei Bomben im Keller. Sagt die eine:
„Komm, wir gehen hoch ...“

Sitzen zwei in der Wüste. Sagt der eine:
„Rutsch mal 'n Stück, ich will auch im Sand sitzen!“

MUTTERWITZ, ZUM ZWEITEN

Mutti, warum ist Vati denn so blass?
Frag nicht so dumm, hilf mir lieber graben!

Mutti, Mutti, wann darf ich wieder im Sandkasten spielen?
Wenn wir einen besseren Platz für Vati gefunden haben!

Mami, Mami, darf ich noch etwas mit Opa schaukeln?
Nee, der bleibt so hängen, bis die Polizei kommt!

Mami, Mami, ich mag meinen Bruder nicht.
Sei still und iss weiter!

Mami, Mami, warum läuft Papi immer Zickzack?
Sei still und lad nach!

Mami, Mami, Vati brennt.
Halt die Klappe und hol schnell die Marshmellows!

BEGEGNUNGEN

Treffen sich zwei Päpste.

Treffen sich zwei Parallelen.

Treffen sich zwei Jäger. Beide tot.

Treffen sich zwei Bäcker, beide Brot.

Treffen sich zwei, kommt nur einer.
Treffen sich drei, kommen vier.

Treffen sich zwei Unsichtbare.
Sagt der eine:
„Lange nicht gesehen!“

Treffen sich zwei Stumme.
Sagt der eine: „…“
Meint der andere: „…“

Treffen sich zwei in einer Glaskugel.
Sagt der eine:
„Lass mich auch mal ans Fenster!"

Treffen sich zwei Magneten.
Sagt der eine:
„Was soll ich heute bloß anziehen?"

Treffen sich zwei Sandkörner am Strand.
Sagt das eine:
„Du, ich fühle mich so verfolgt!"

NOCH MEHR MÄNNER

Welches ist der deprimierendste Augenblick im Leben eines Mannes?
Wenn er eine Erektion hat, gegen eine Wand läuft und sich dabei das Nasenbein bricht.

15 Prozent der Männer glauben, ihr Penis sei zu kurz.
Die übrigen 85 Prozent, dass mit dem Lineal irgendwas nicht stimmt.

Was ist ein Mann, der 80 Prozent seines IQ verloren hat?
Ein Witwer.

BEGEGNUNGEN [II]

Treffen sich zwei U-Boote in der Wüste.
Sagt das eine: *„Na?“*
Sagt das andere: *„Na und!“*

Treffen sich zwei Kühe im Supermarkt.
Sagt die eine: *„Na du!“*
Sagt die andere: *„Warum ich?“*

Treffen sich zwei Kerzen.
Sagt die eine: *„Was machst du heute Abend?“*
Darauf die andere: *„Ich gehe aus.“*

Treffen sich zwei Zigaretten.
Sagt die eine: *„Wie geht's denn so?“*
Sagt die andere: *„Mir raucht schon wieder der Kopf ...“*

Treffen sich zwei Fäuste.
Sagt die eine: *„Aua!“*

Treffen sich ein Schaf und ein Rasenmäher auf einer grünen Wiese.
Sagt das Schaf zum Rasenmäher: *„Mäh!“*

WUSSTEN SIE SCHON …

… dass Spaghetti mit Gabel besser schmecken als ohne Teller?

… dass kalte Brötchen warm besser schmecken als lecker?

… dass Urwälder überhaupt nicht ticken?

... dass Kartoffelsalat überall woanders schmeckt?

... dass Brot länger frisch bleibt, wenn Sie es in einem Eimer Wasser aufbewahren?

... dass die Gesundheitsgefahren durch das Rauchen völlig übertrieben sind, wenn Sie vom Bus überfahren werden?

NUR FÜR EXPERTEN ...

Was kommt nach Elch?
Zwölch.

Was liegt am Strand und hat einen Sprachfehler?
Eine Nuschel.

Was steht im Schlafzimmer des Metzgers neben dem Bett?
Ein Schlachttischlämpchen.

Wie heißt der Teufel mit Vornamen?
Pfui!

Wie heißt das Reh mit Vornamen?
Kartoffelpü.

Was ist ein Sparwitz?
Einer lacht für alle.

Was findet man mitten in Ulm?
Das kleine L.

Was hat vier Beine und kann trotzdem fliegen?
Zwei Vögel.

Was fängt mit Z an und kann schwimmen?
Zwei Enten.

Was trägt einen Frack und hilft im Haushalt?
Ein Diener Schnitzel.

Was ist weiß und versteckt sich hinterm Baum?
Eine schüchterne Milch.

Was sagt ein Gen, wenn es ein anderes trifft?
Halogen.

Wie nennt man in Schwaben ein kleines Schwein, das nach Hilfe schreit?
Notrufsäule.

Wie heißt der Lehrling vom Frauenarzt?
Lippenstift.

Machen zwei Jäger ein Wettrennen im Wald.
Was ruft der, der als Erster ankommt?
Förster!

Schützt den deutschen Wald!
Esst mehr Spechte und Biber!

Hüpft ein Rudel Gurken durch den Wald.
Was ist daran falsch?
Gurken sind Einzelgänger.

Wer hasst Katzen und braucht keine Brille?

Der Sehhund.

Was hat Schlitzaugen und will einen Nachschlag?

Die Mehrkatze.

Was schmeckt nach Hund und Waldmeister?
Der Dackelpudding.

Wo wohnt eine Katze am liebsten?
In einem Miezhaus.

Zwei Fische im Aquarium. Fragt der eine:
„Wie fährt man dieses Ding?“

„Wohnt hier im Haus ein Herr Vogel?“
„Ja, im vierten Stock. Fink heißt der.“

KLUGSCHEISSEN

Zu Fuß ist es kürzer als über den Berg.

Nachts fahren Züge schneller als auf Schienen.

Nachts ist es kälter als draußen.

Rechts sitzt man sicherer
als im Flugzeug.

Ein Tisch hat vier Beine, besonders das linke.

Der Ofen ist hinten genauso vorne wie hoch.

Grüne Socken sind eckiger als nachts.

Braune Schuhe halten wärmer als hohe.

Drei mal drei ist Donnerstag
und schmeckt gebacken viereckig.

Draußen ist das Pferd höher als hinten.

Drinnen ist es genauso wie draußen, nur anders.

Wer im Glashaus sitzt, sollte zum Kacken
in den Keller gehen.

GLATT GELOGEN

Mein Bruder ist ein Einzelkind.

Sitzen zwei im Stehkaffee.

Ich habe dich gestern im Radio gesehen.